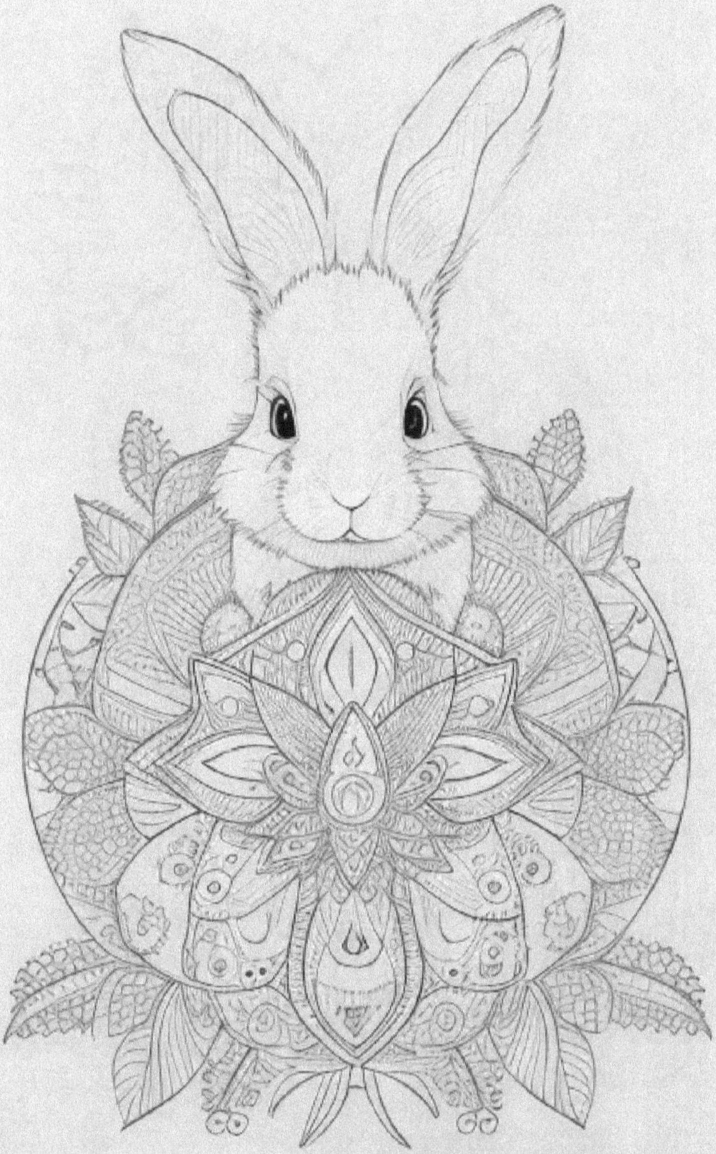

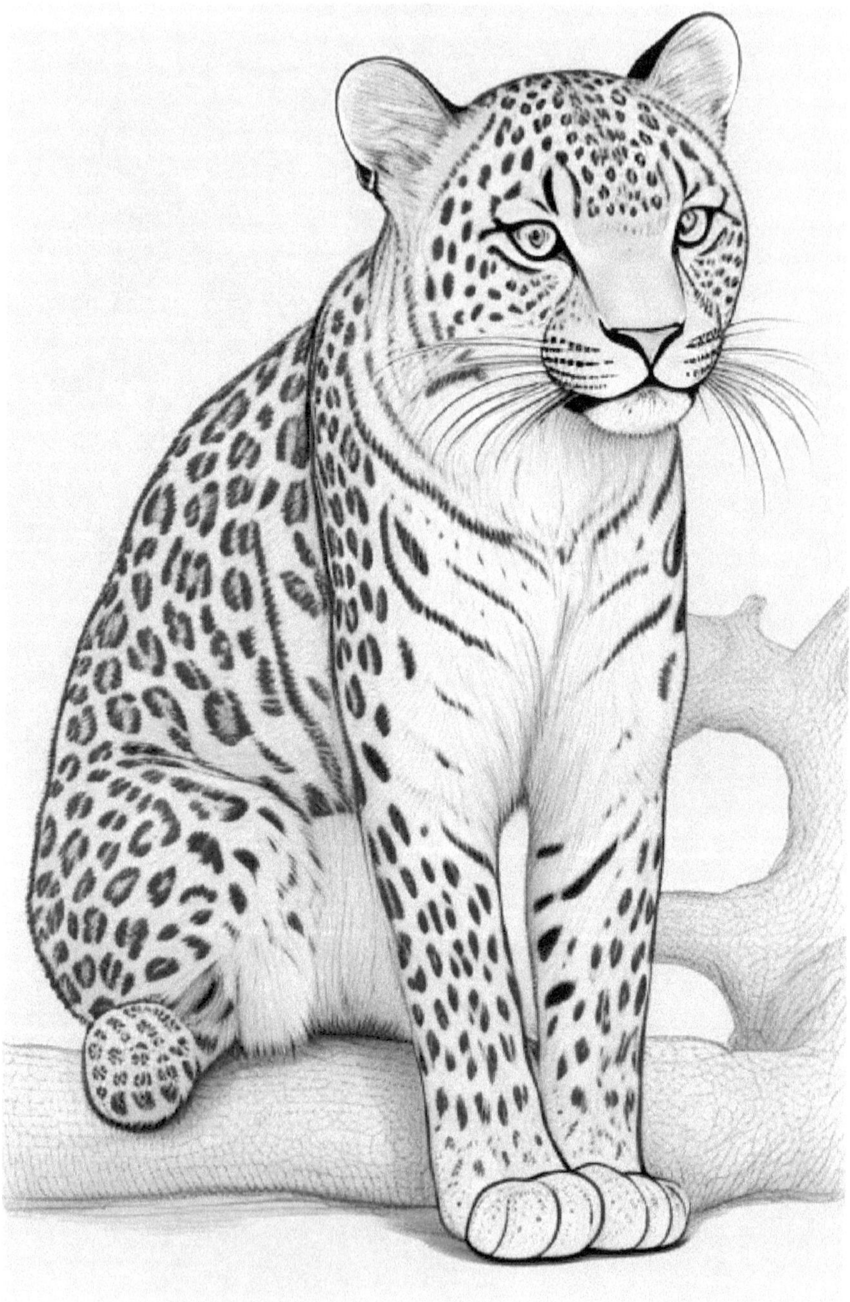

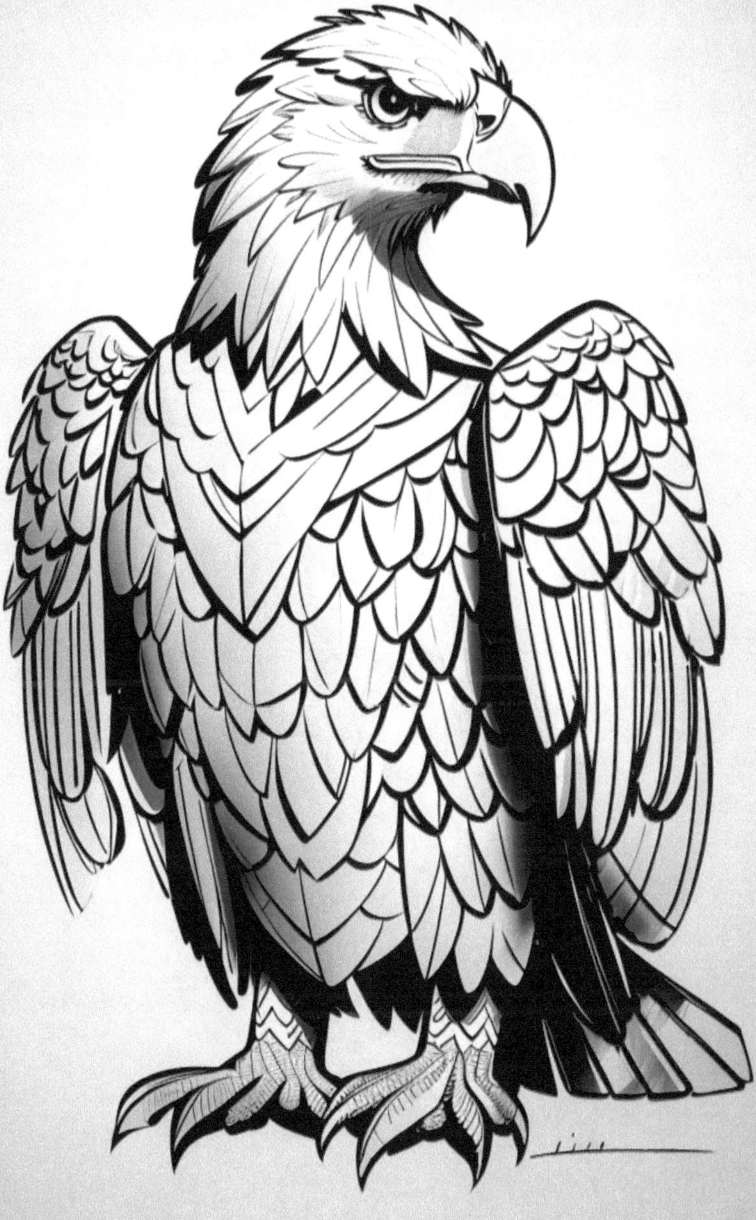

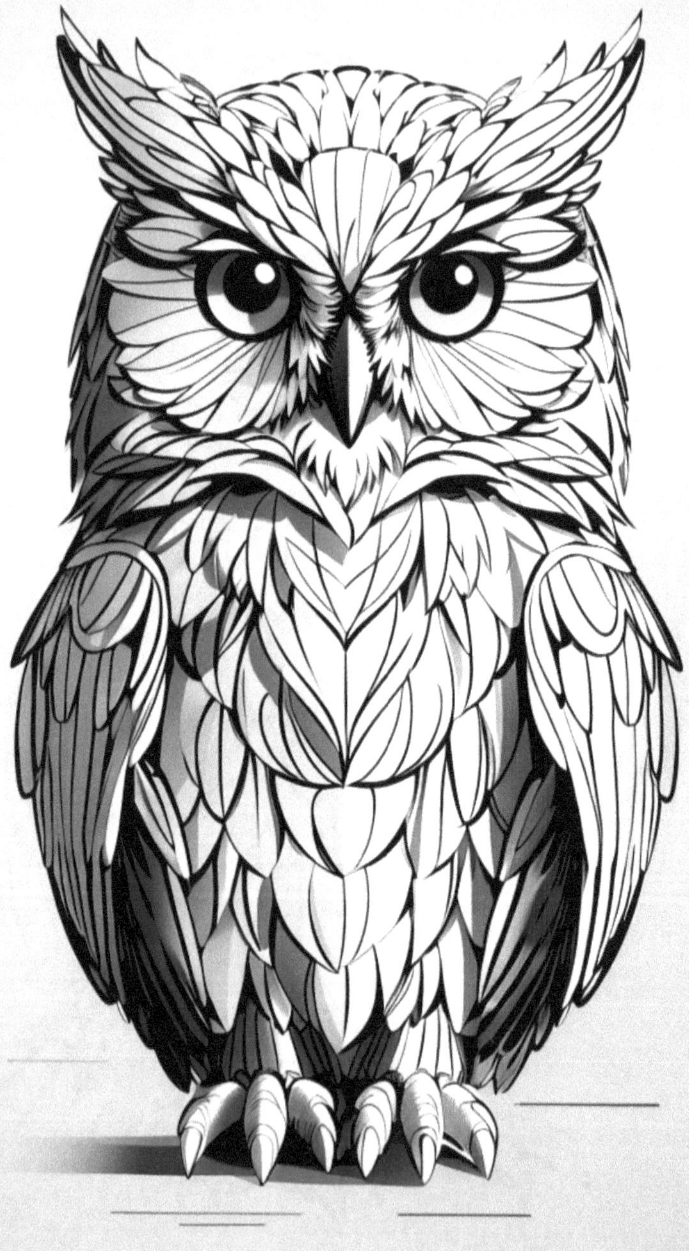

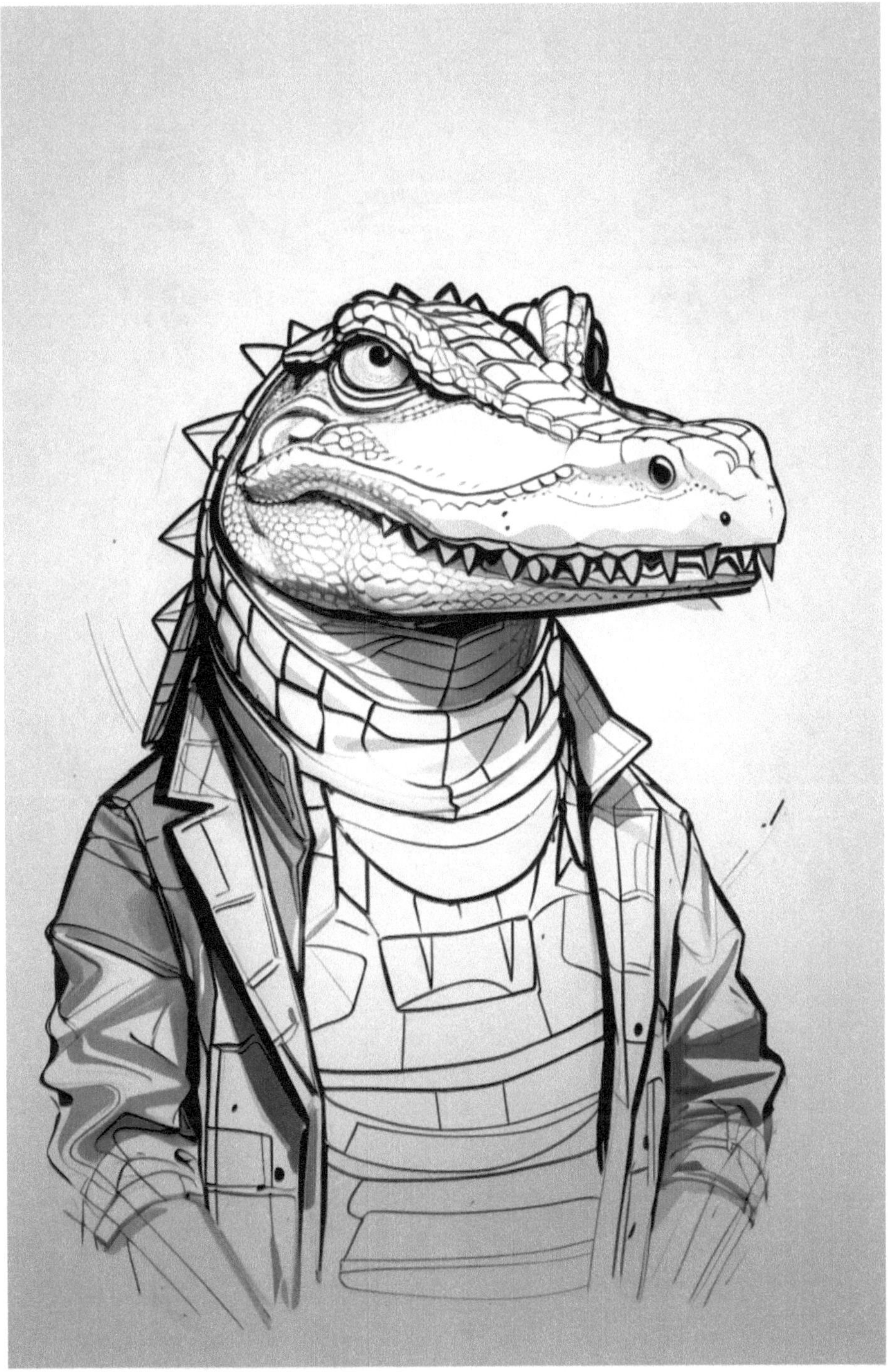

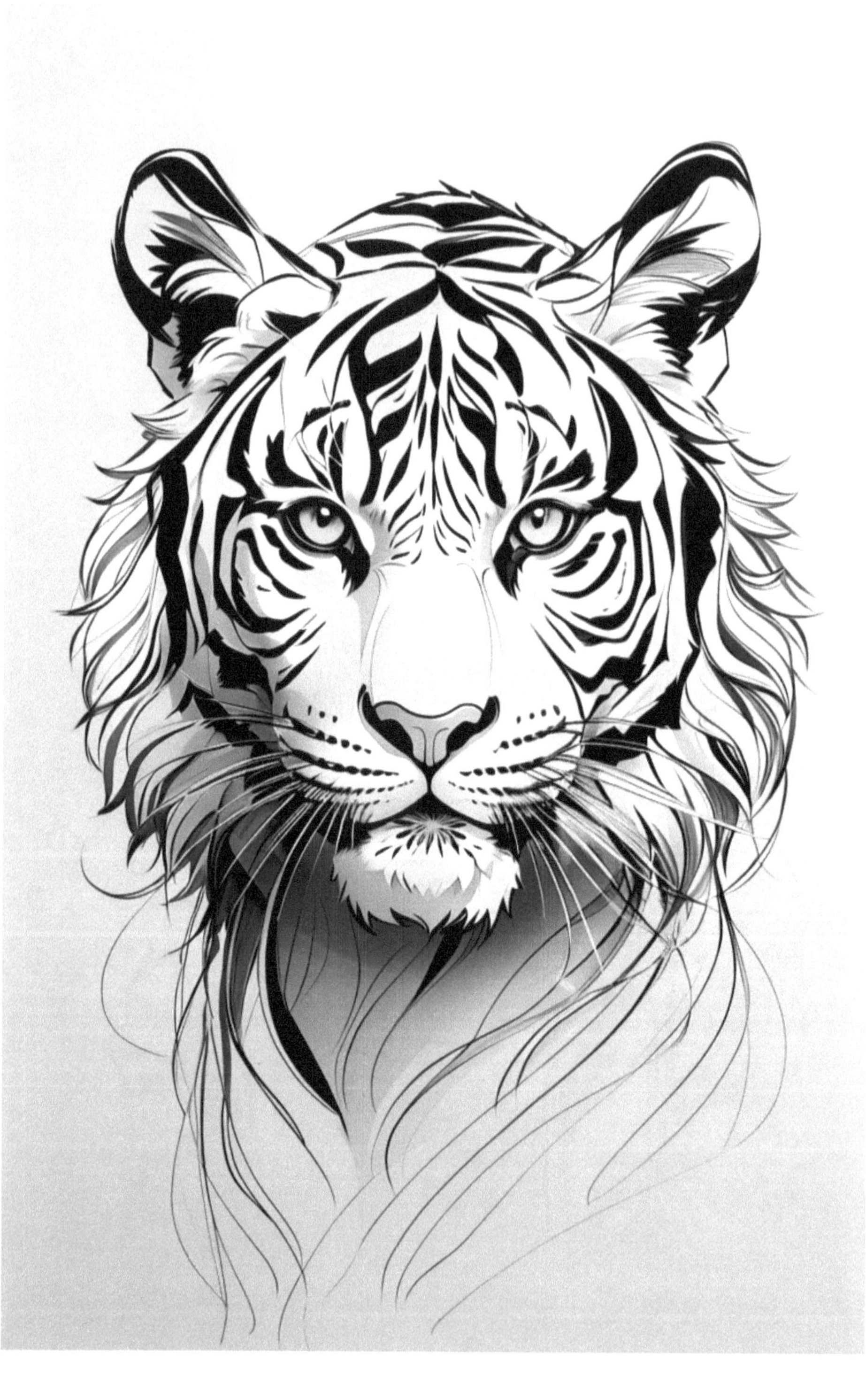

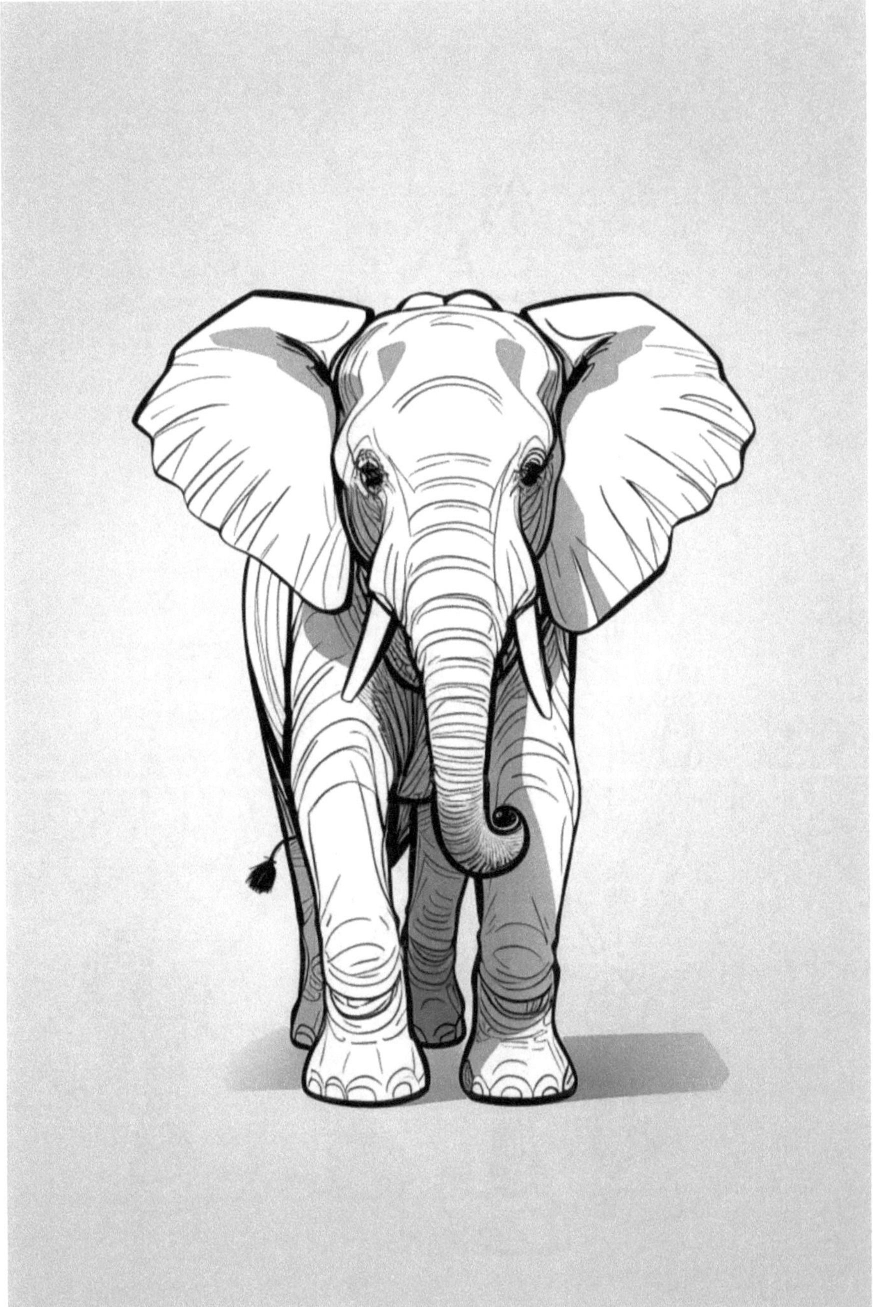

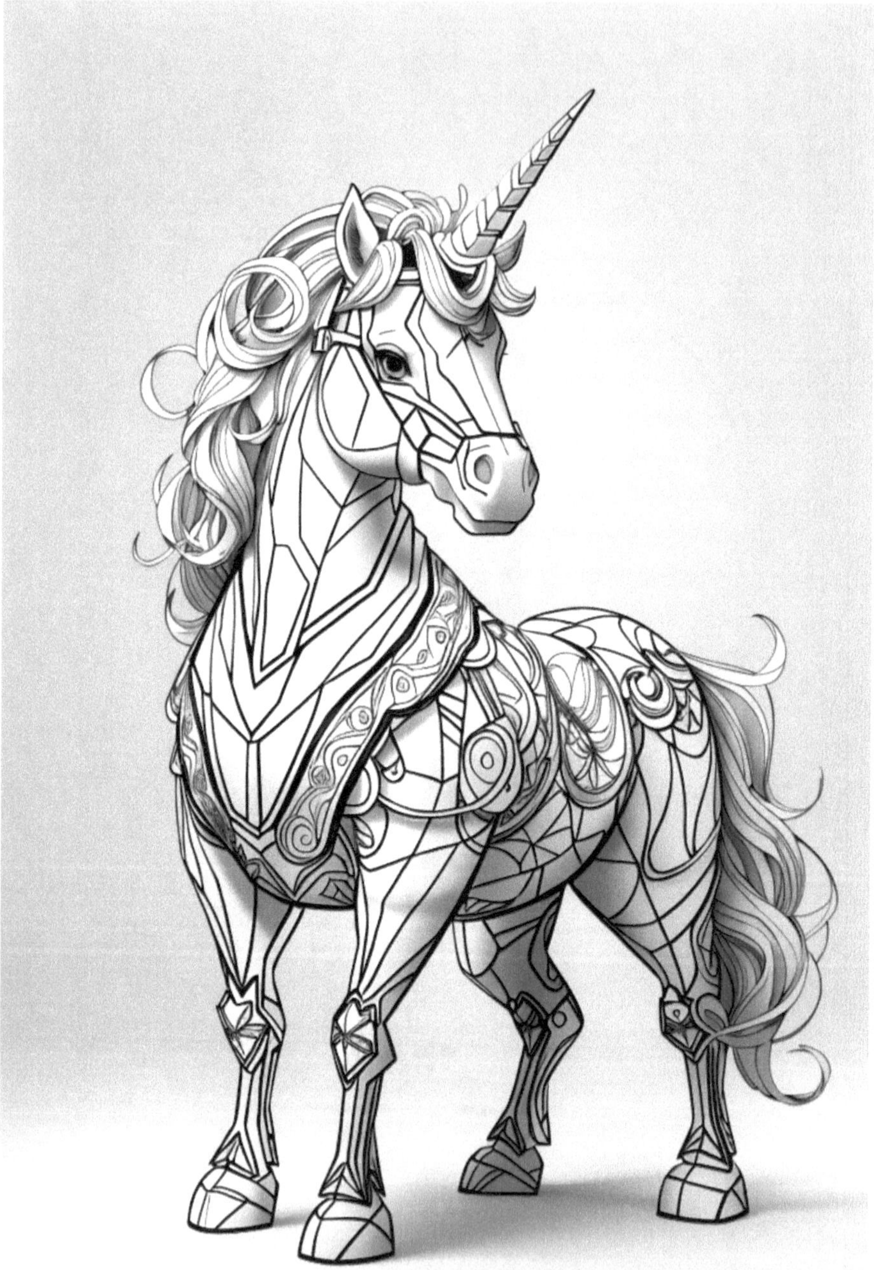

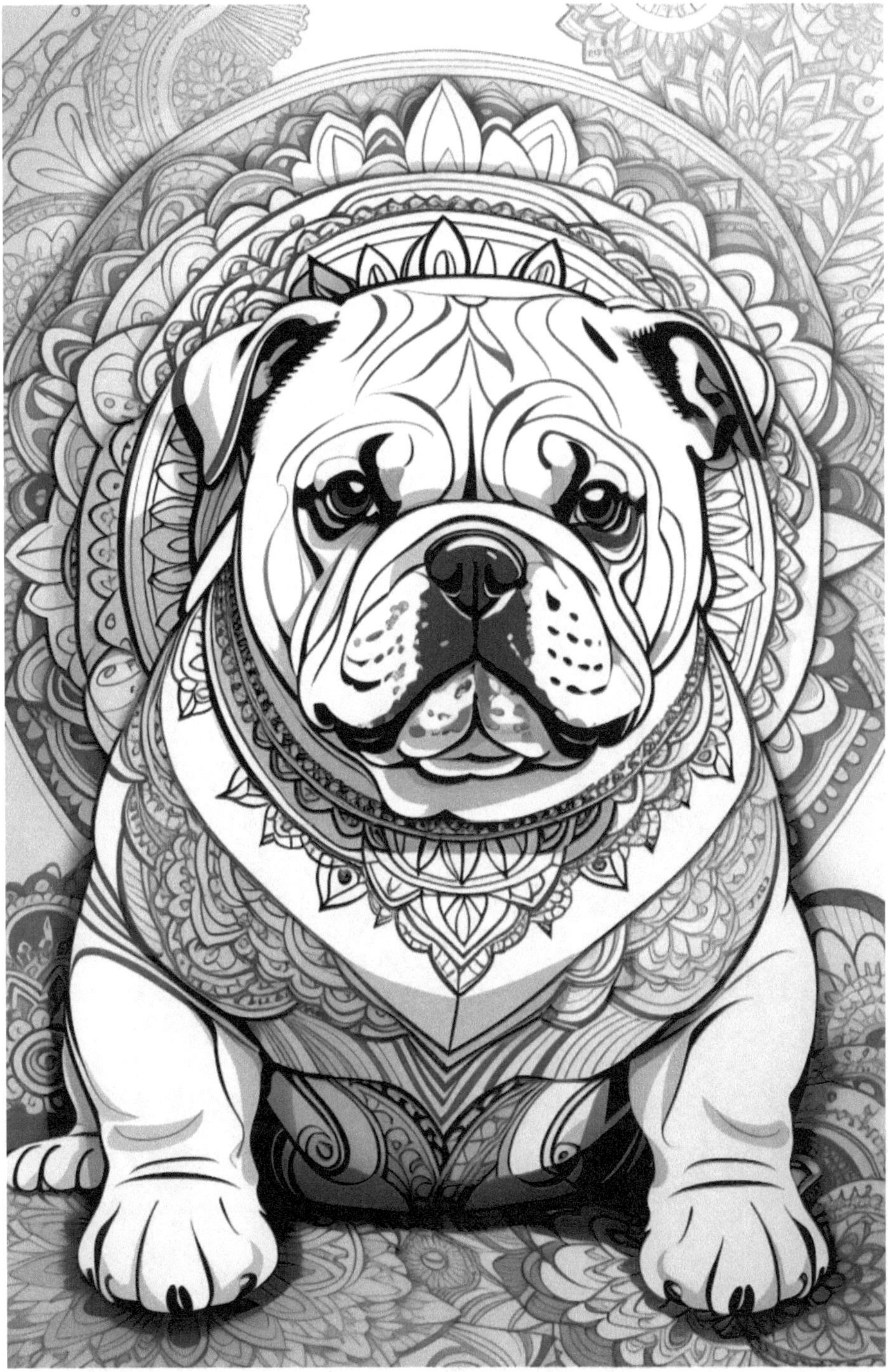

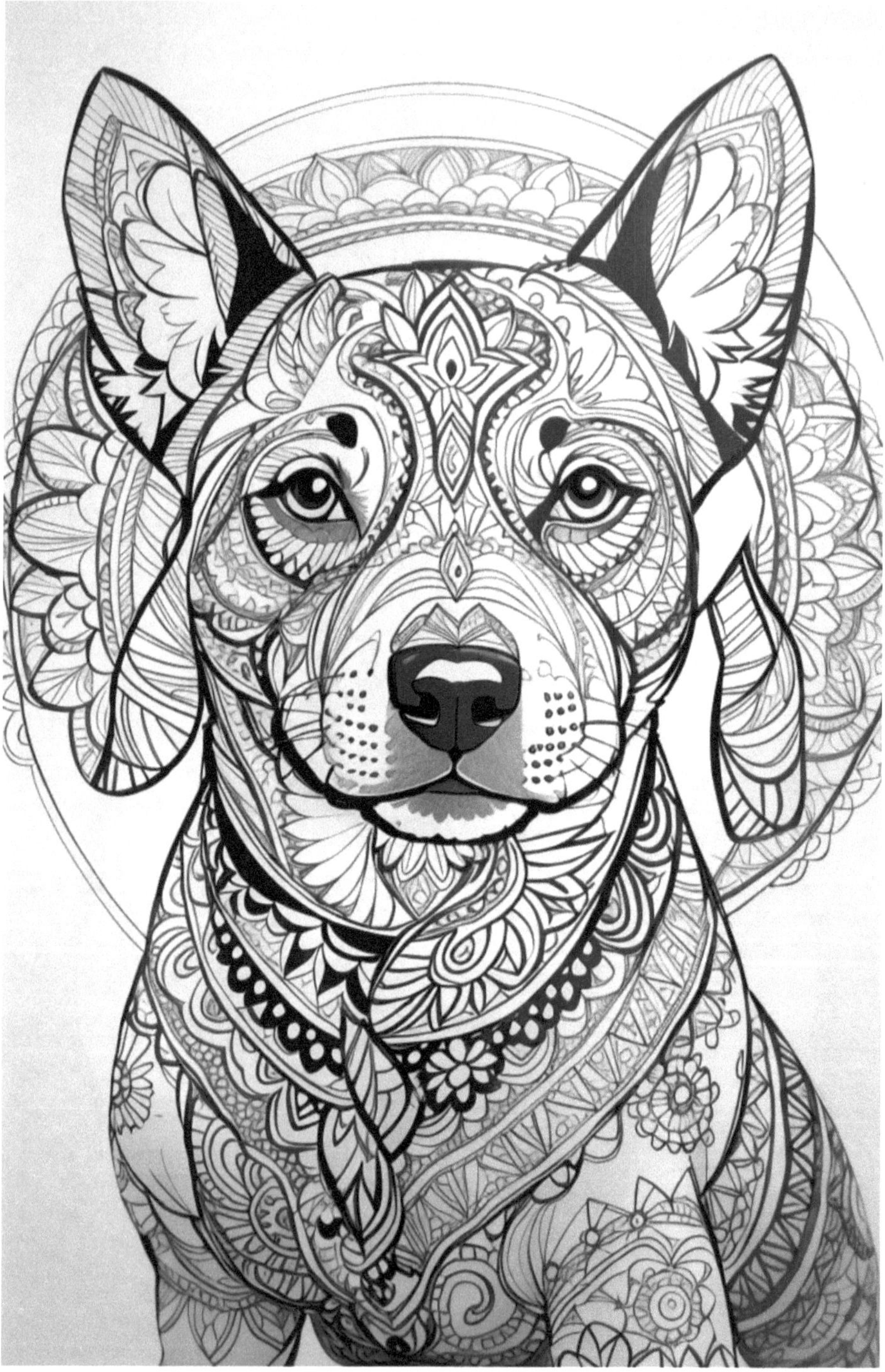

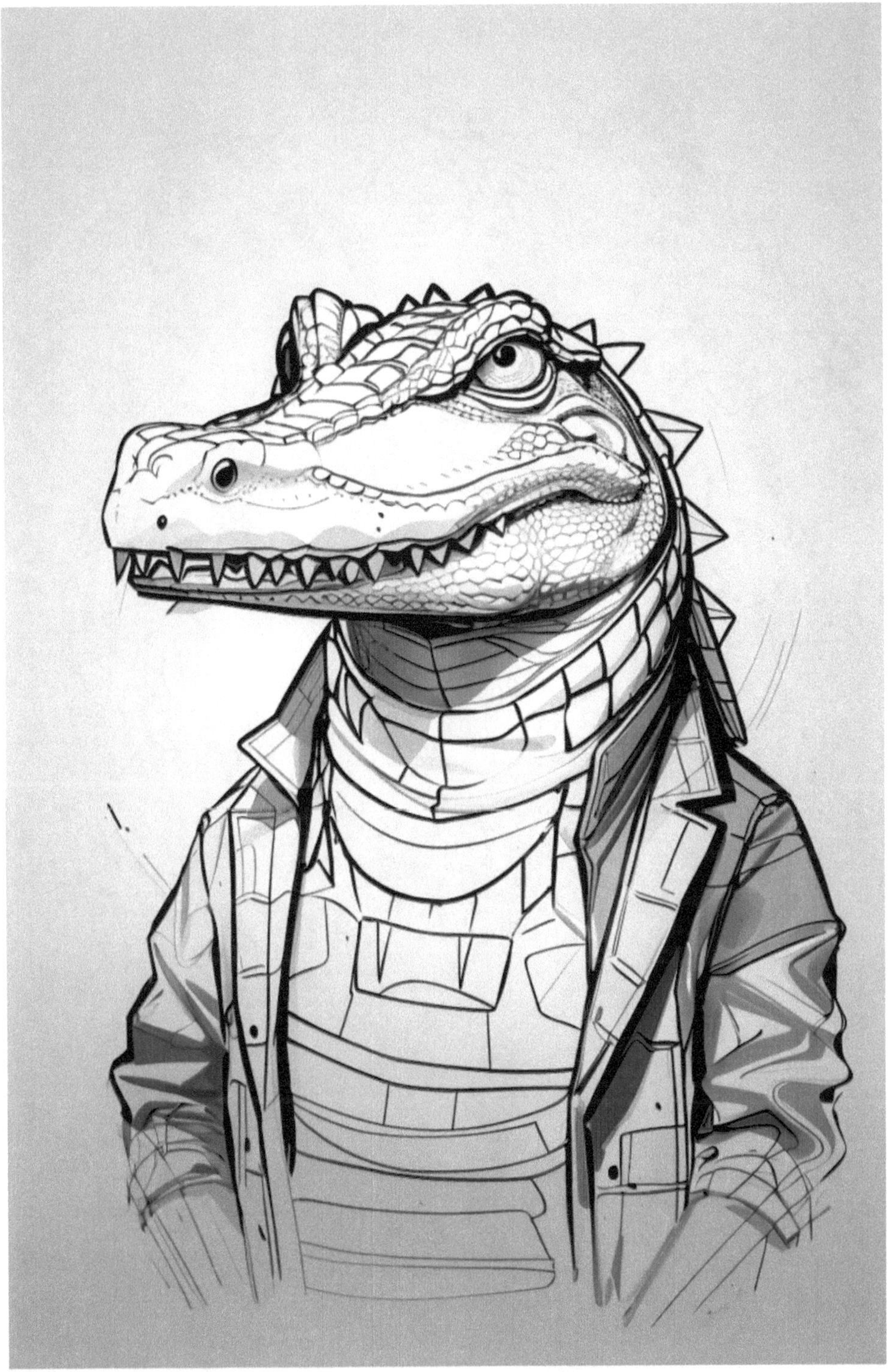

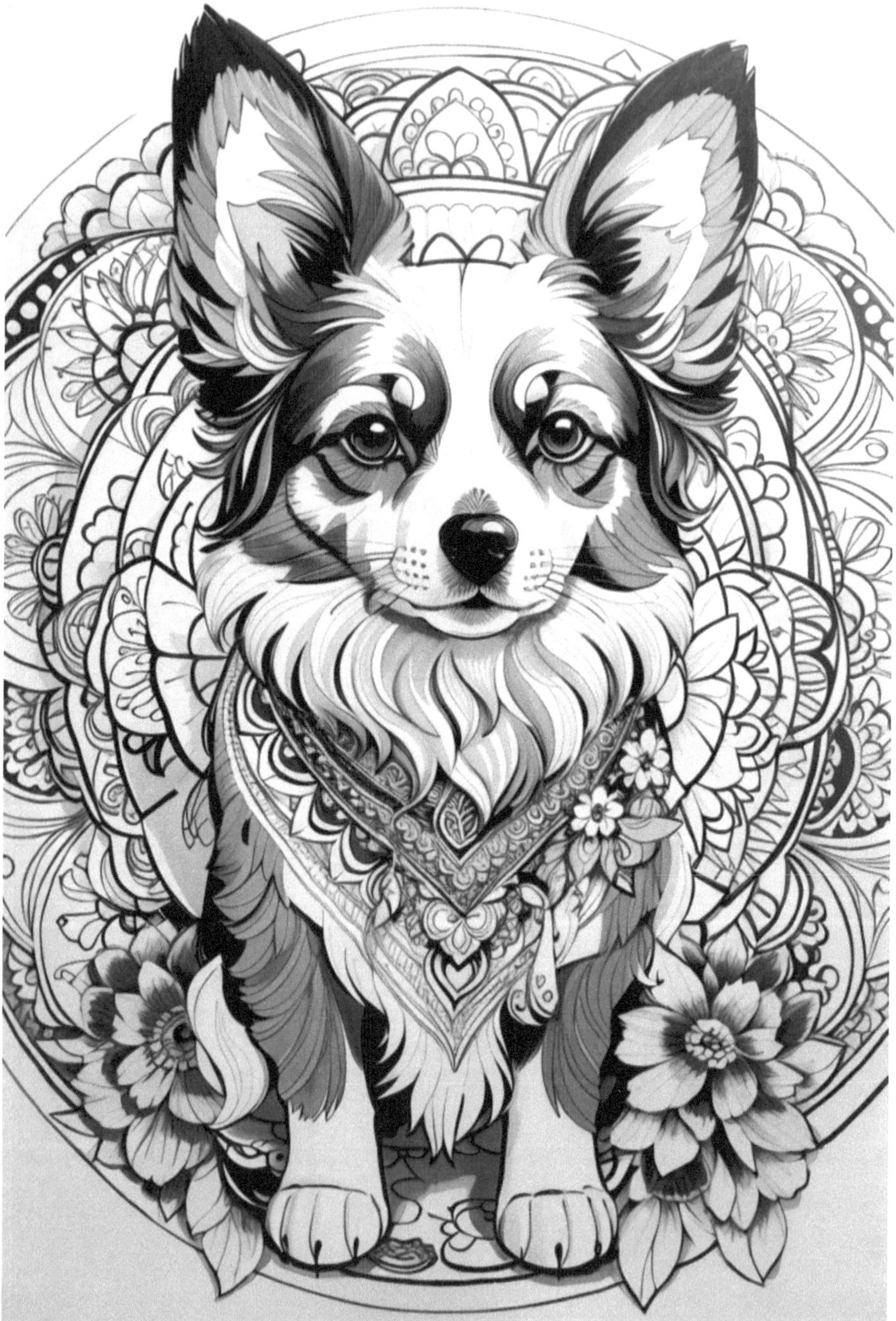

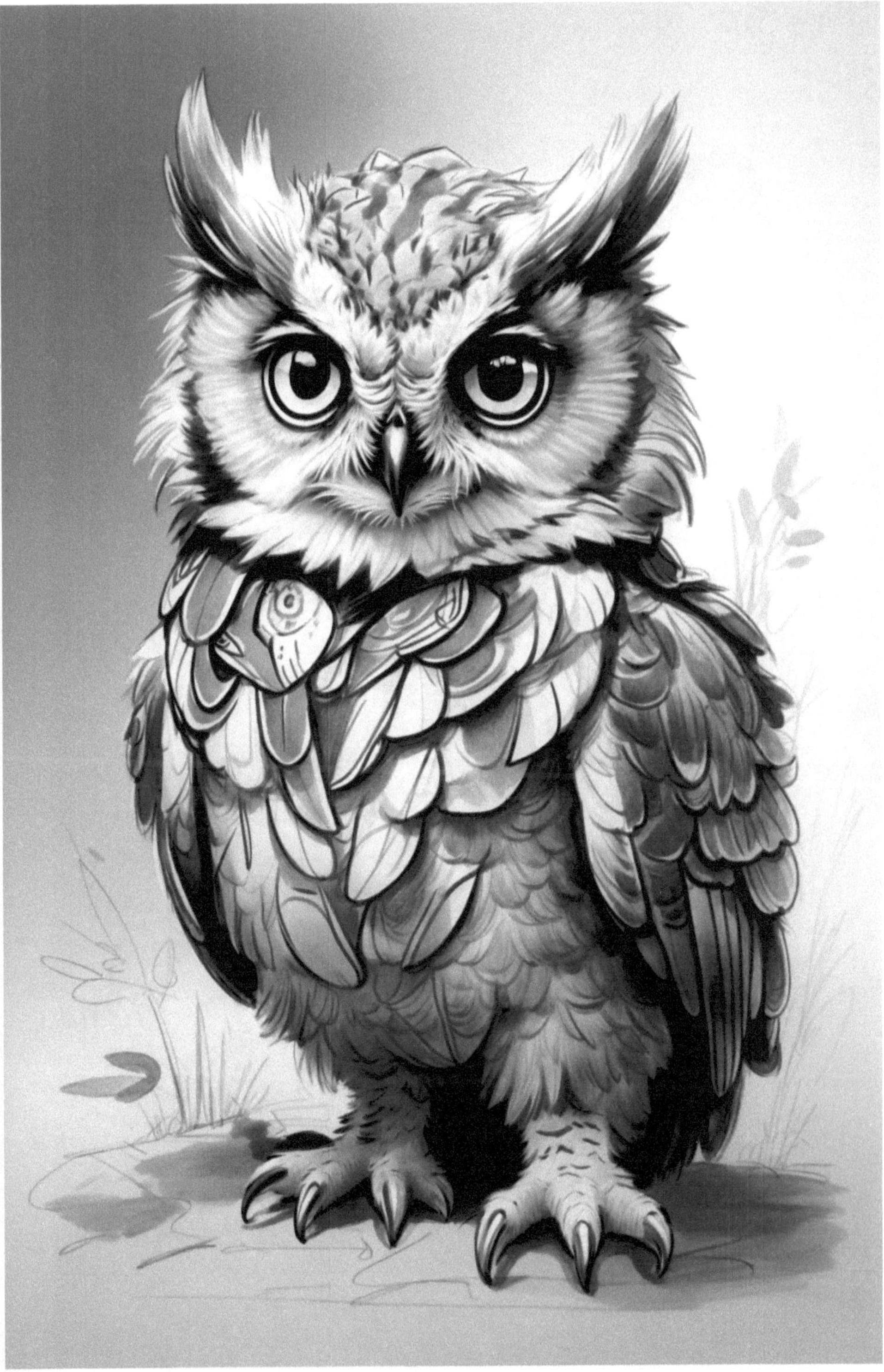

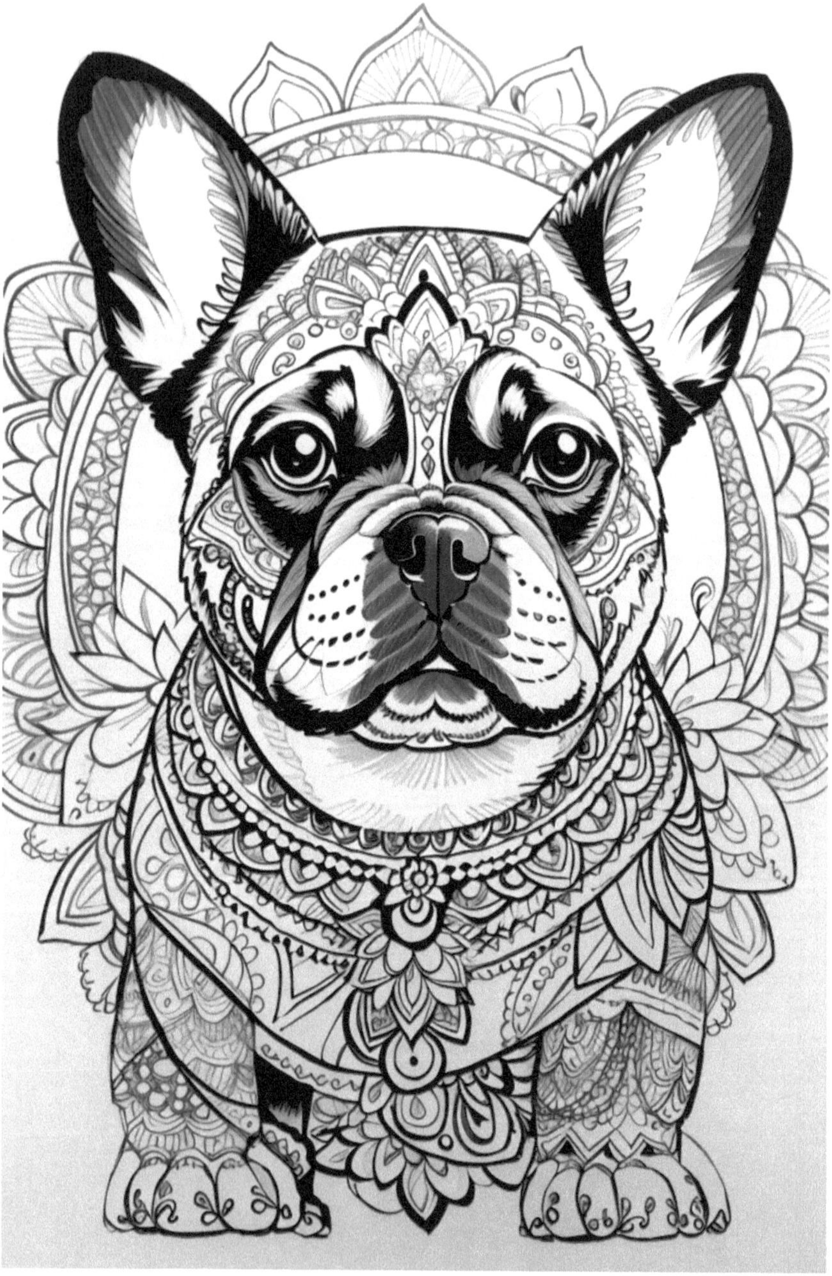

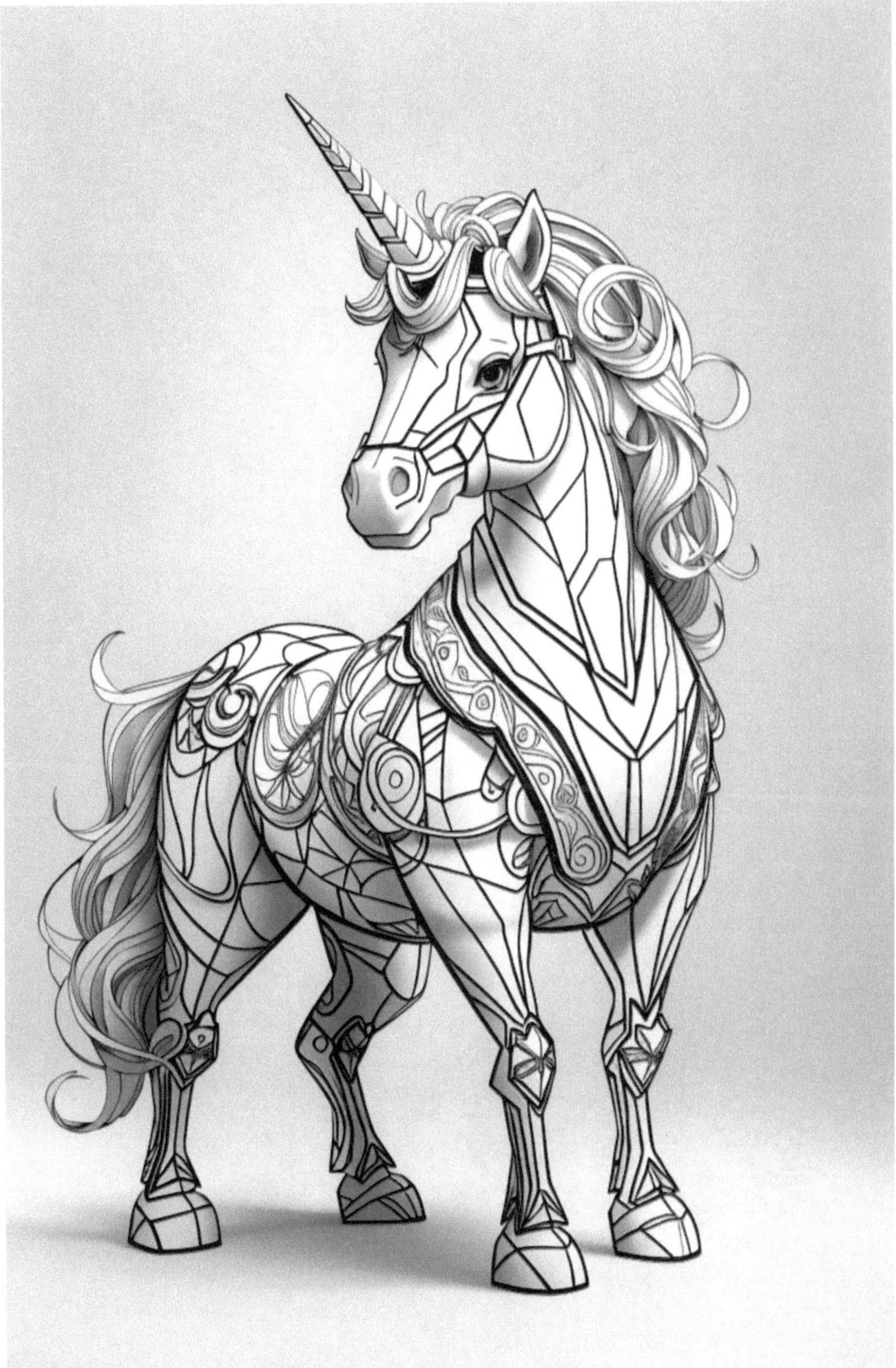

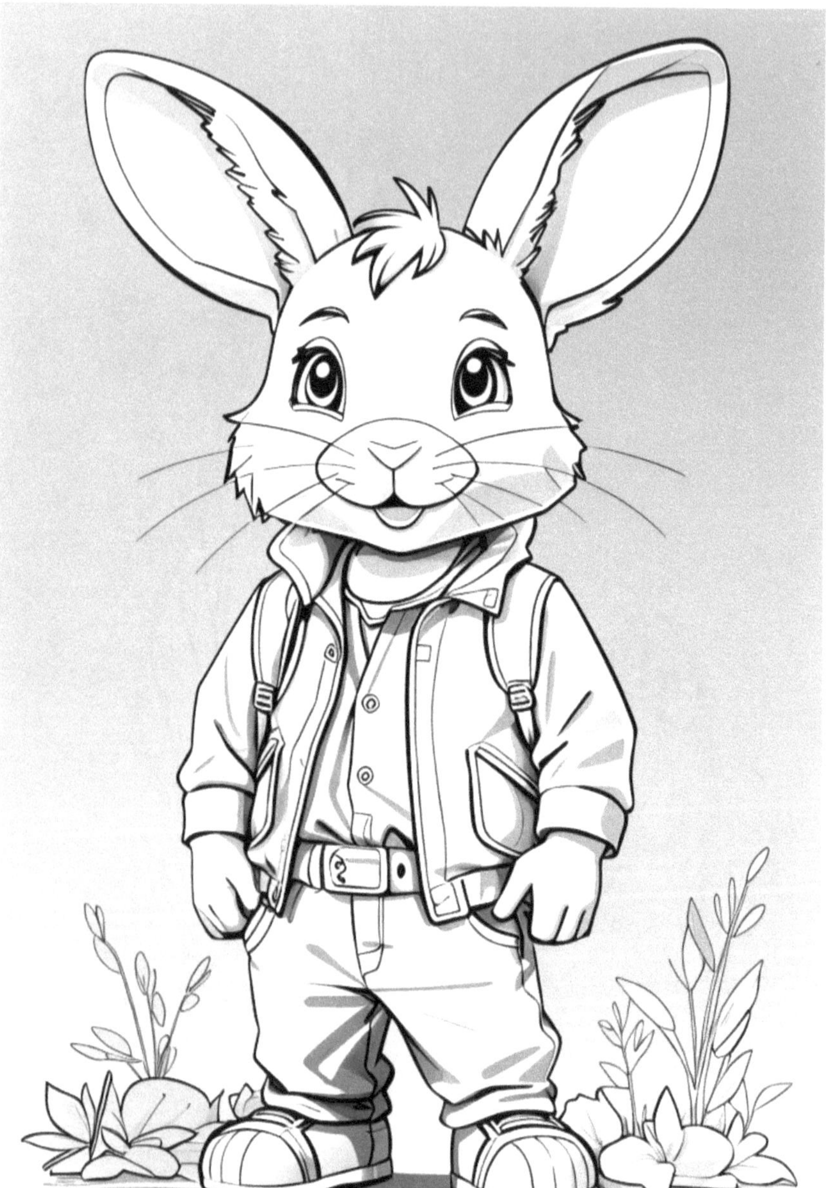

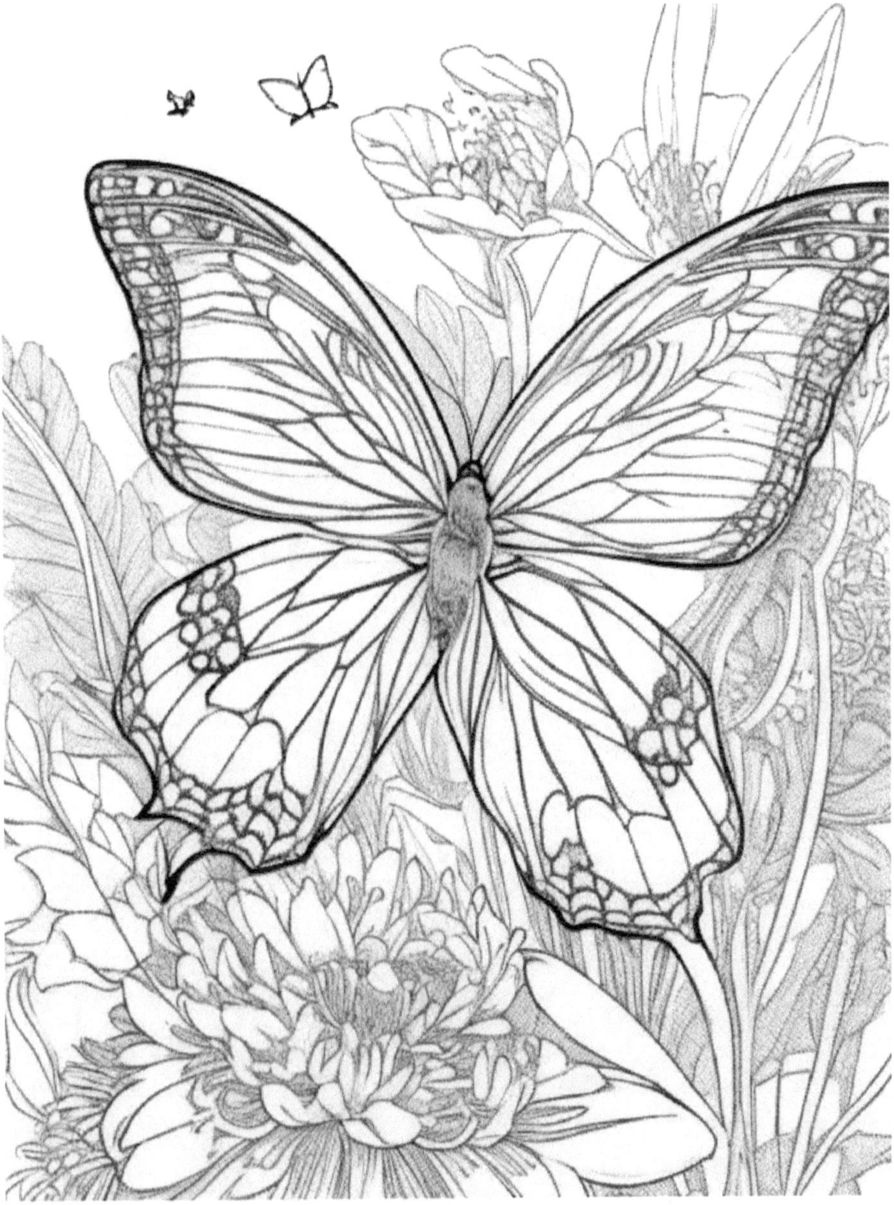

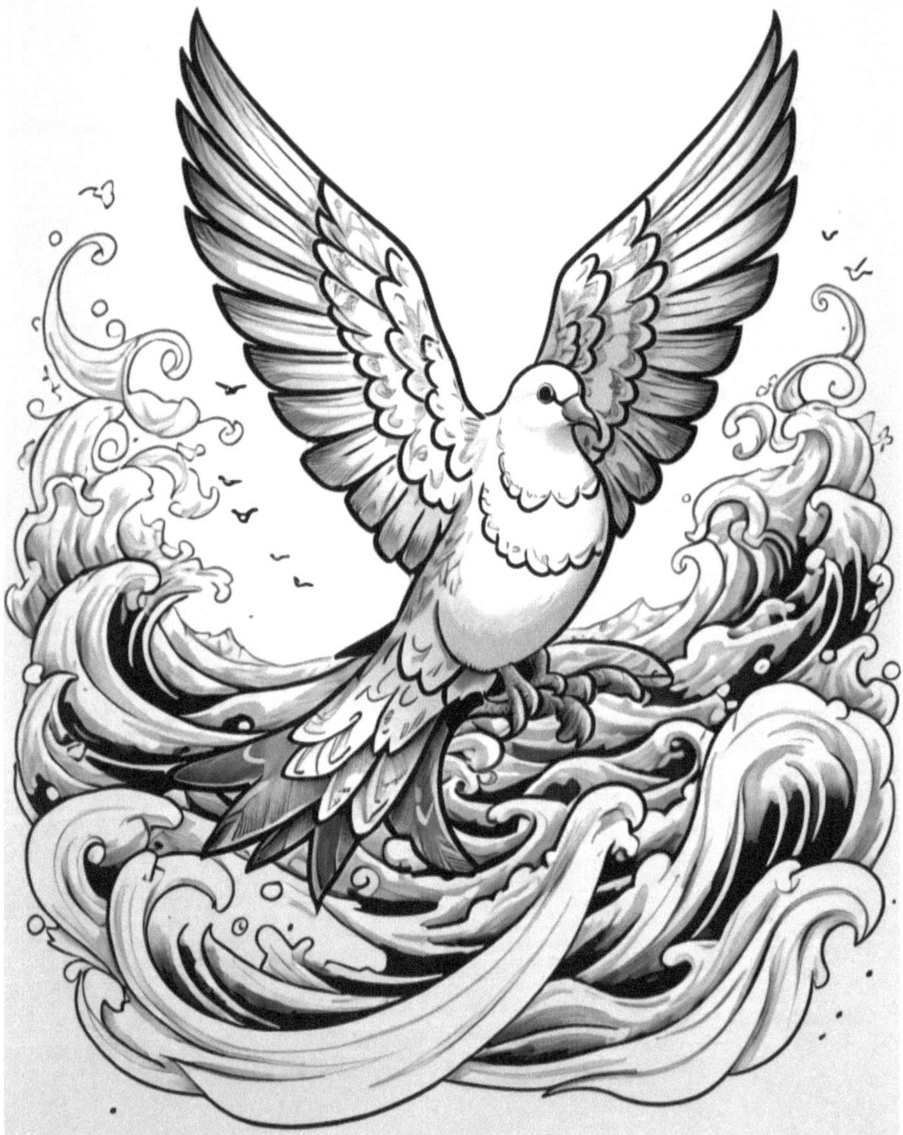

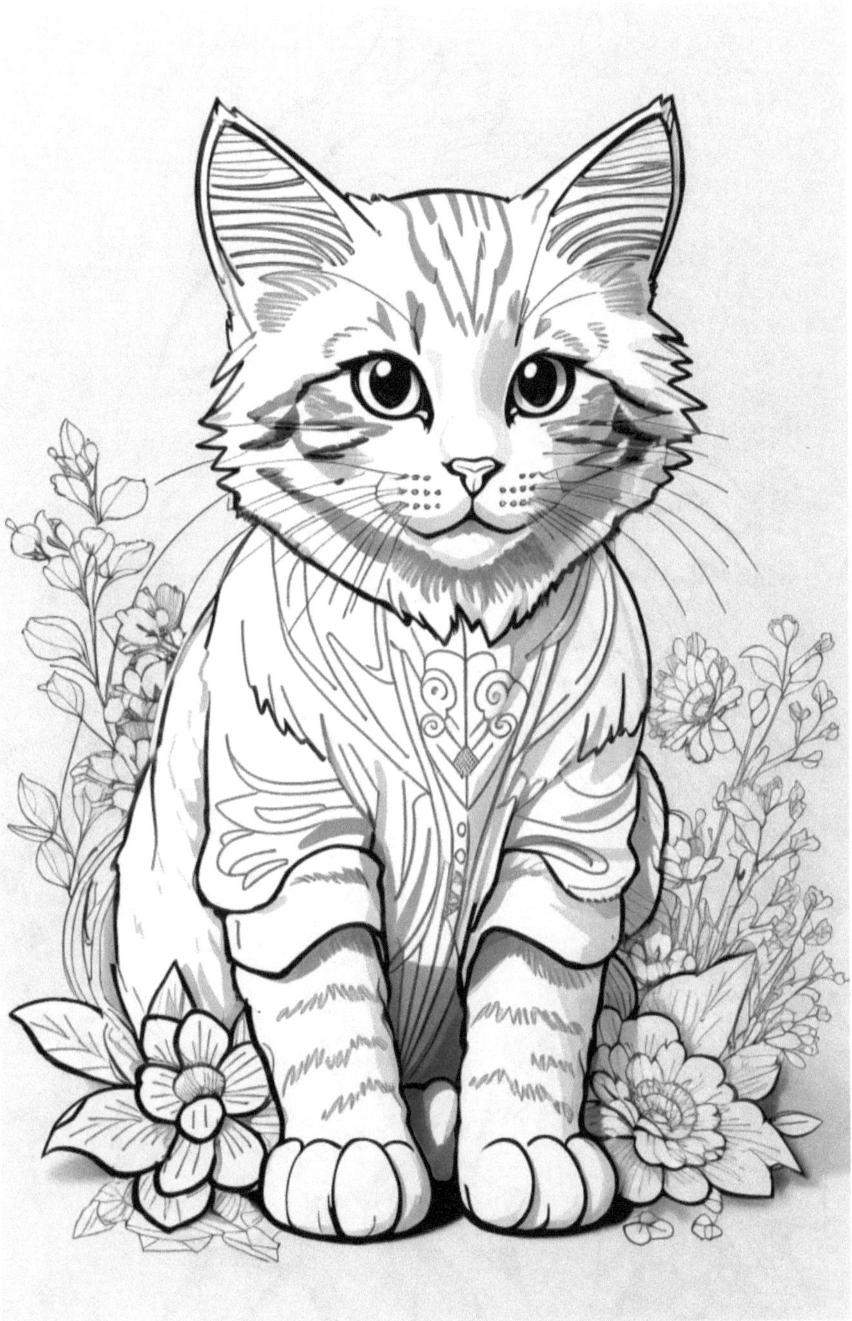

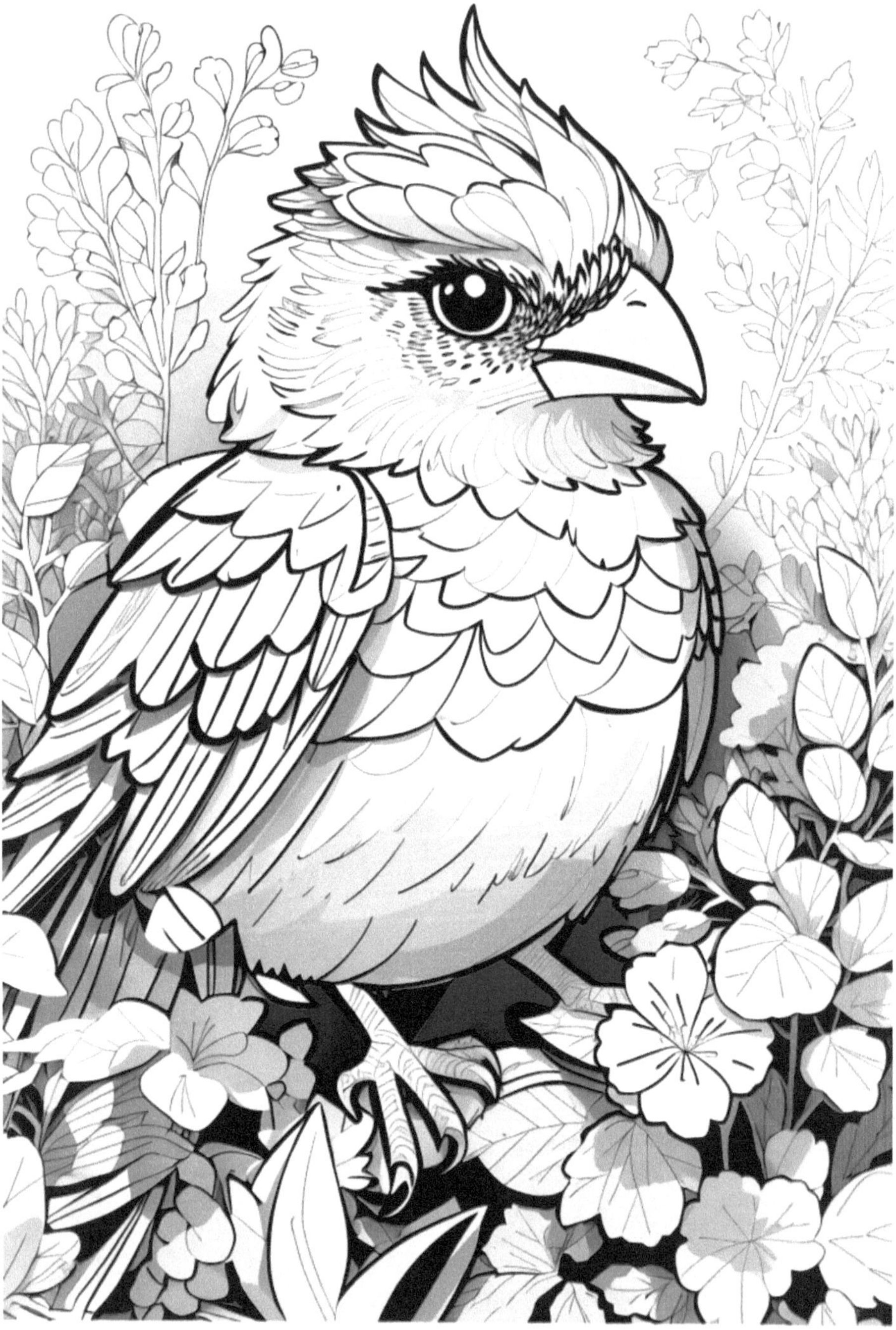

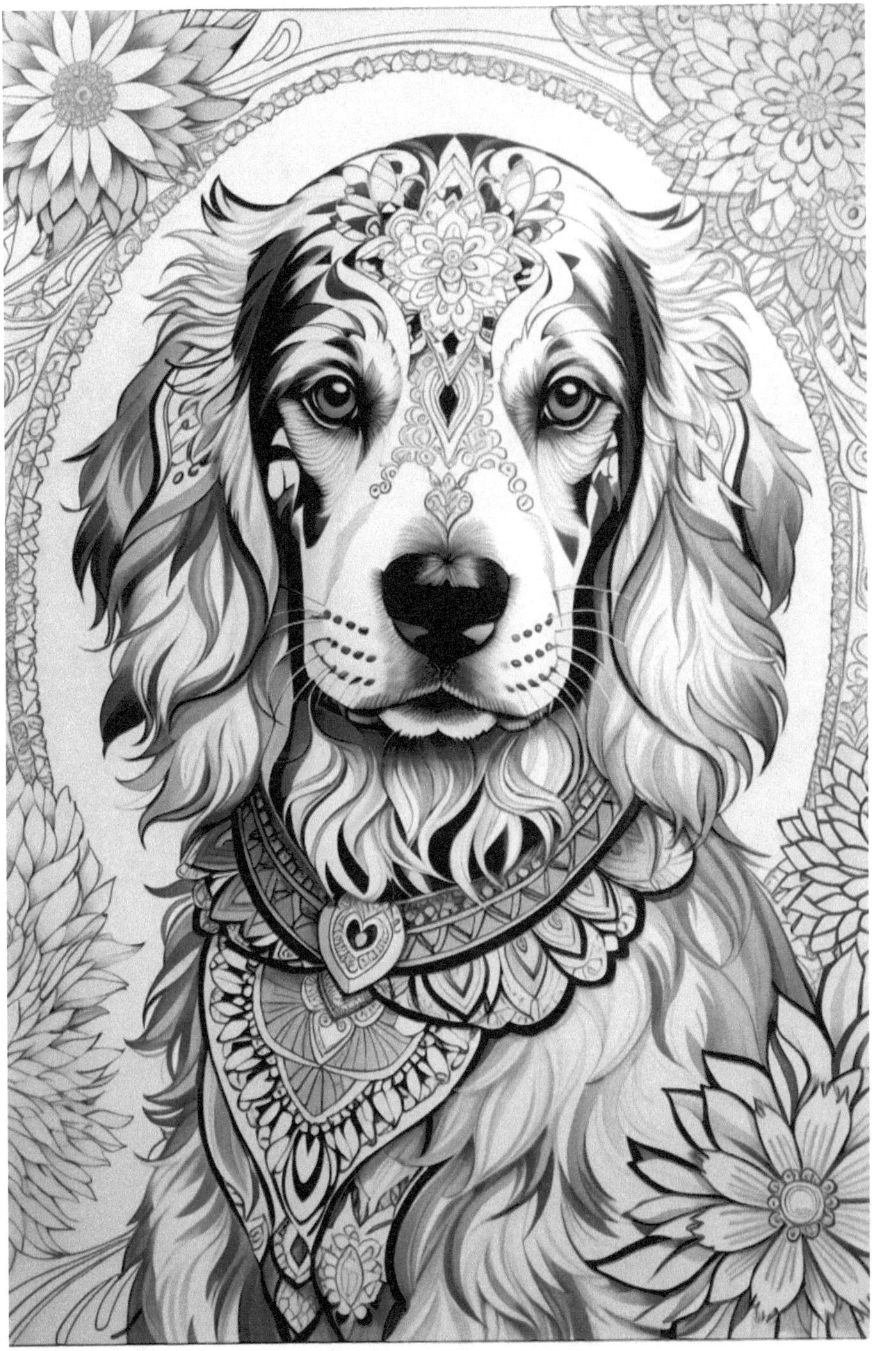

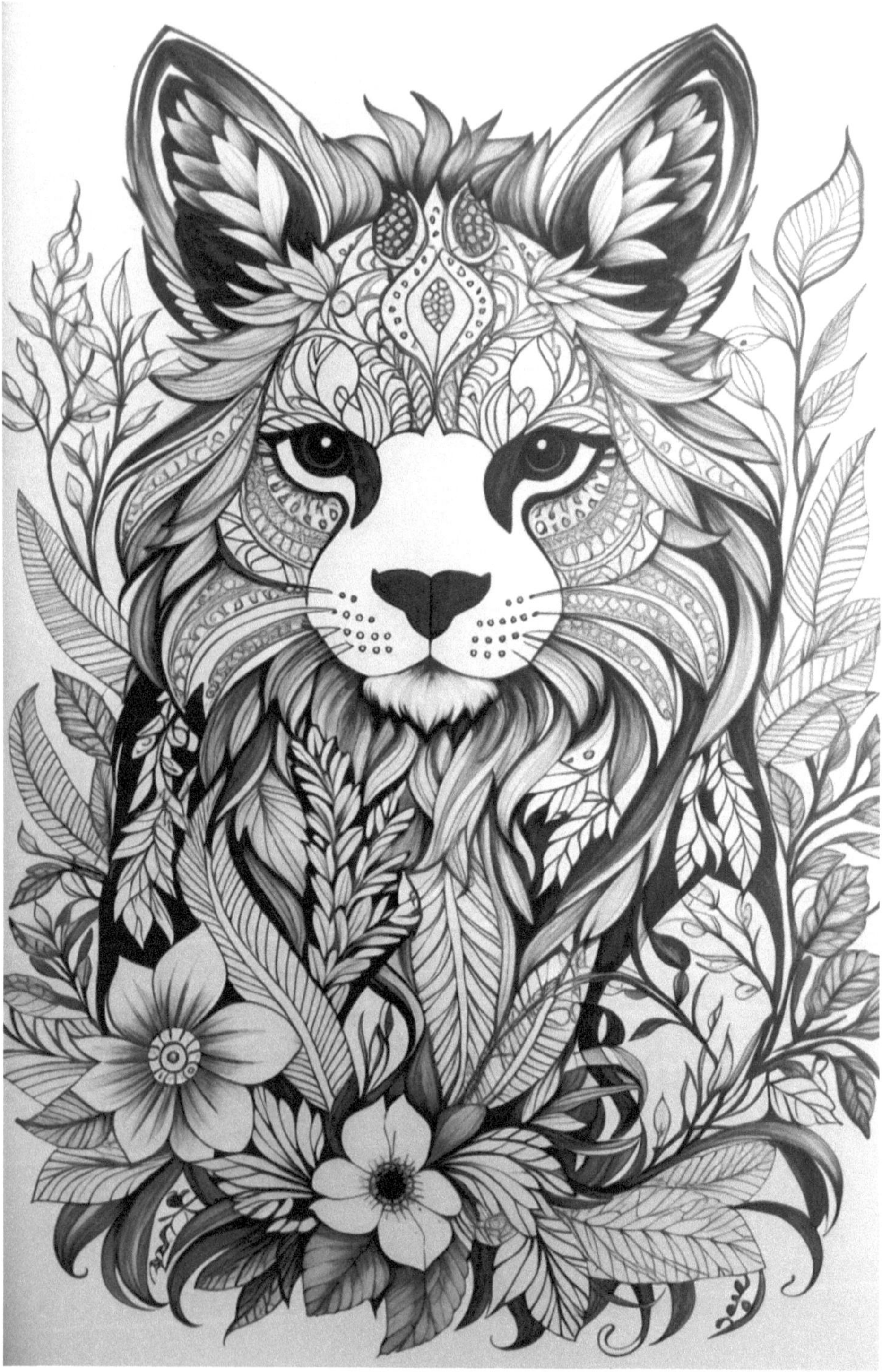

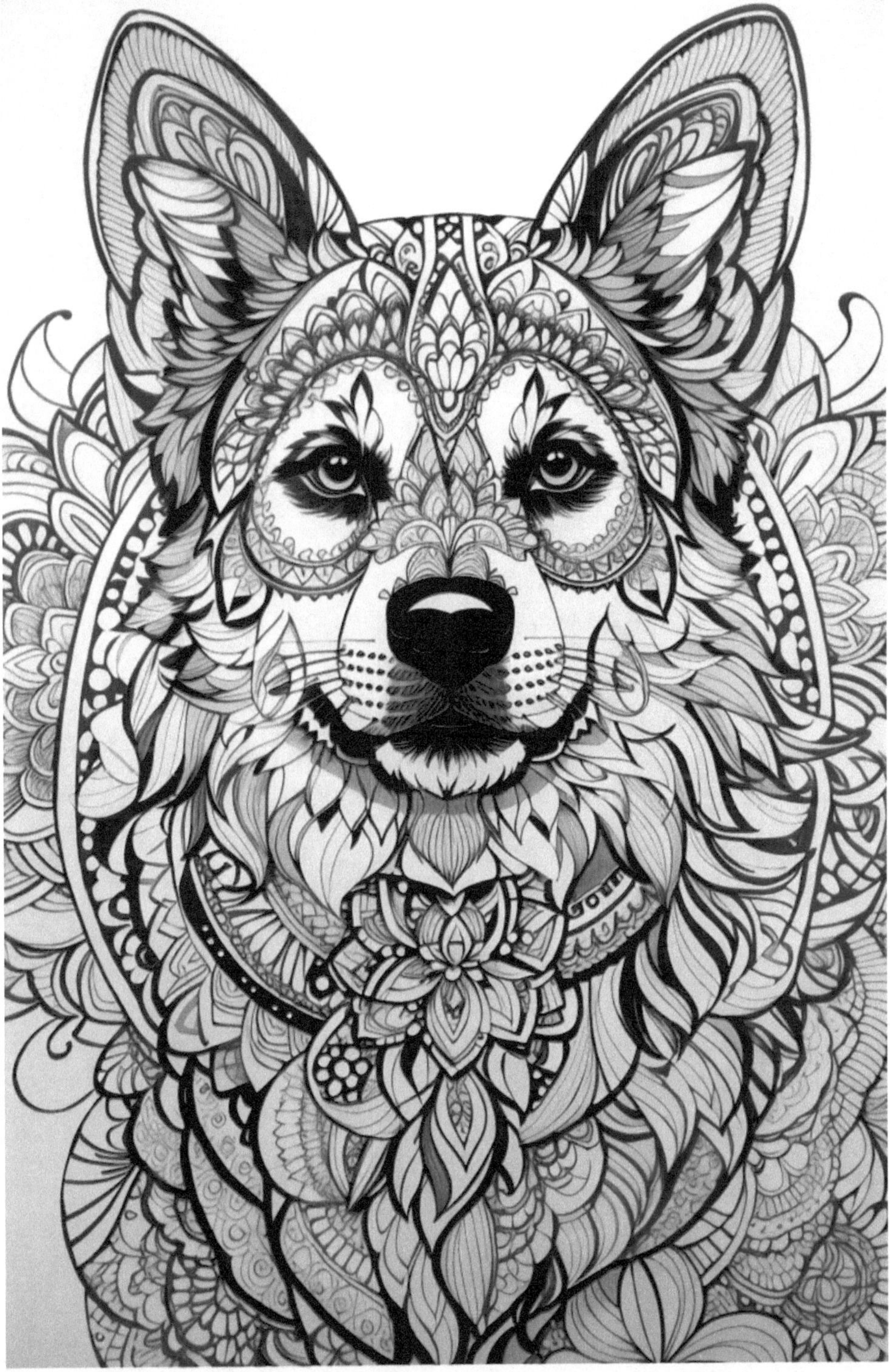

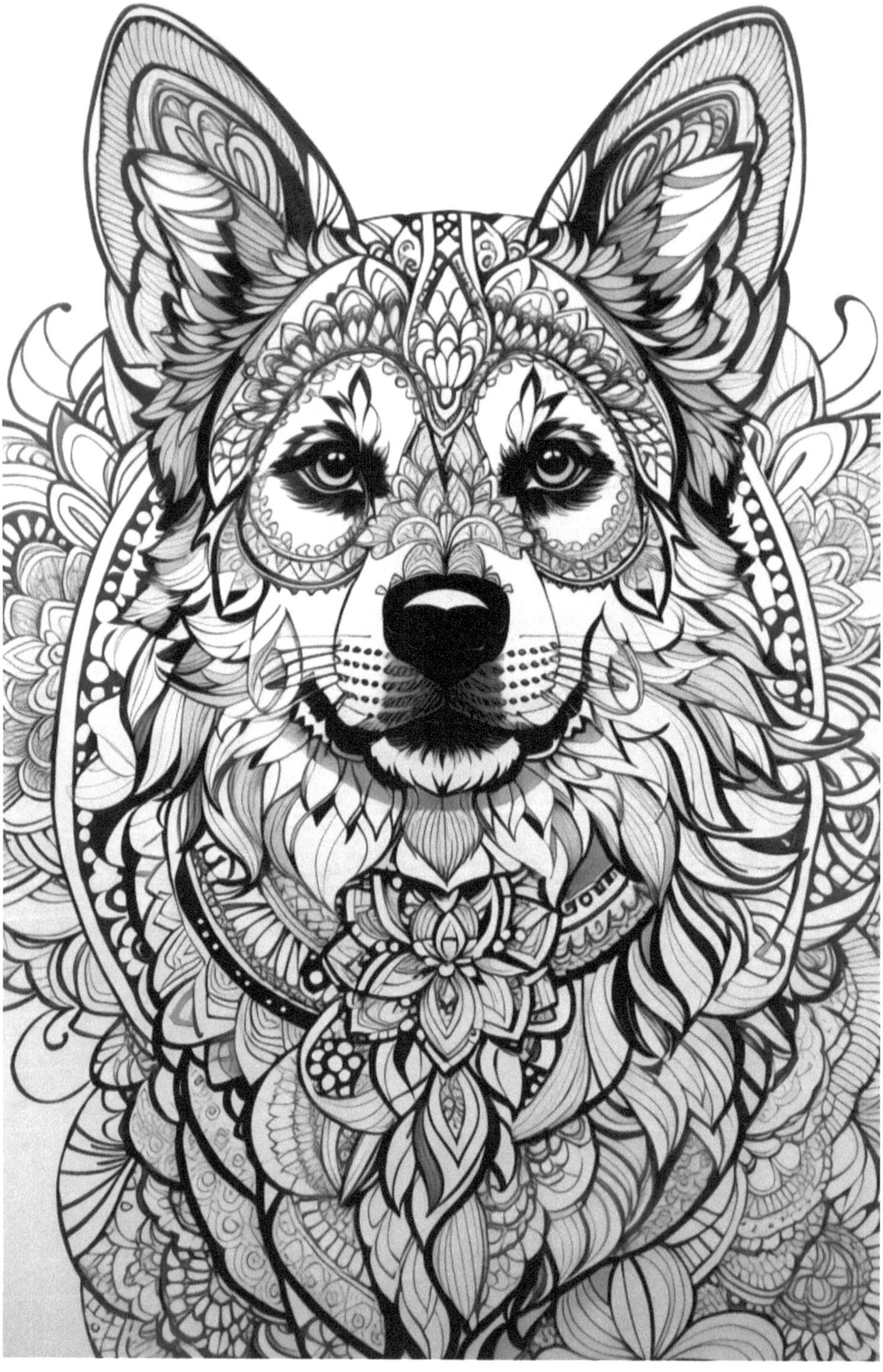

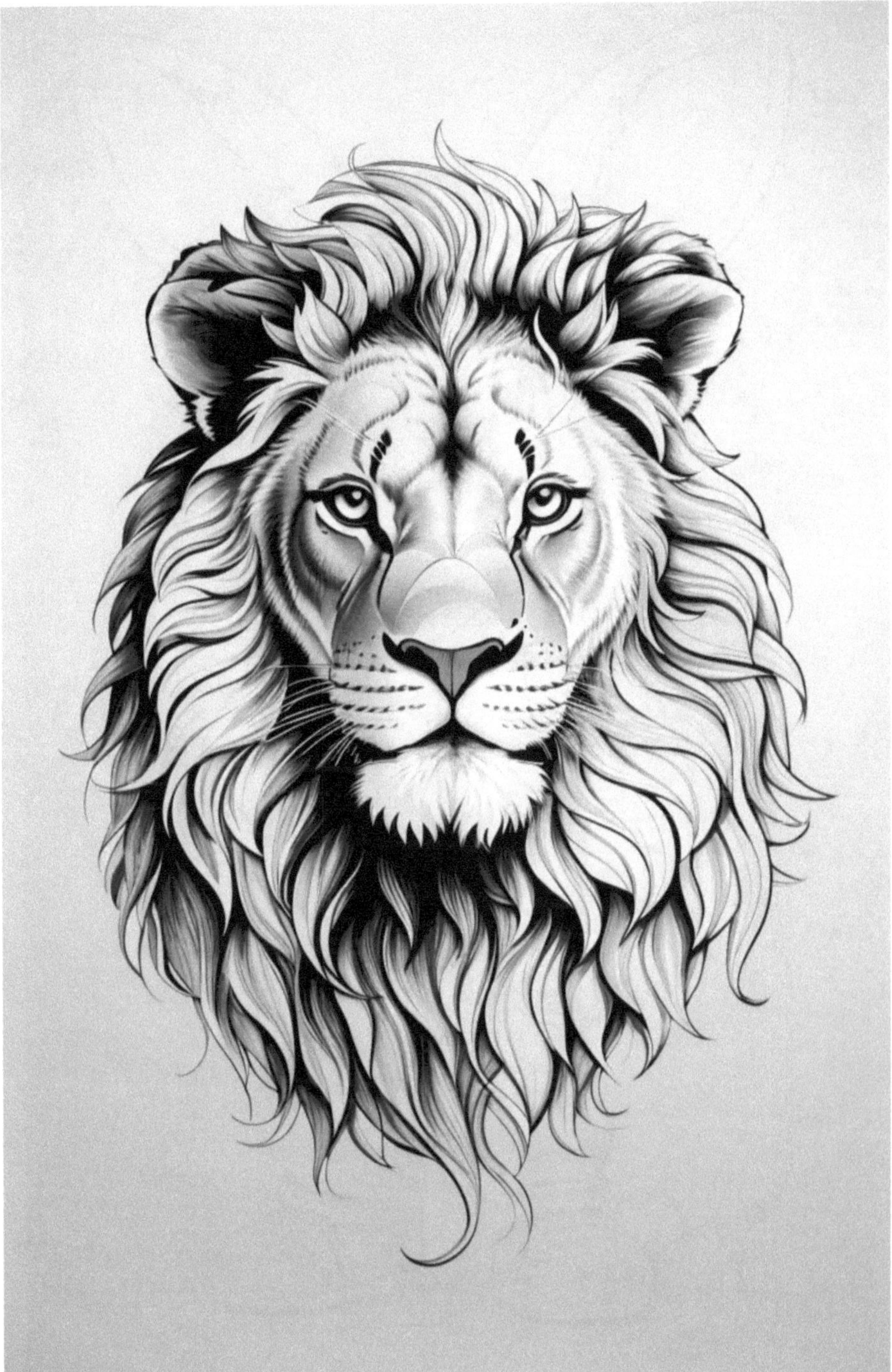

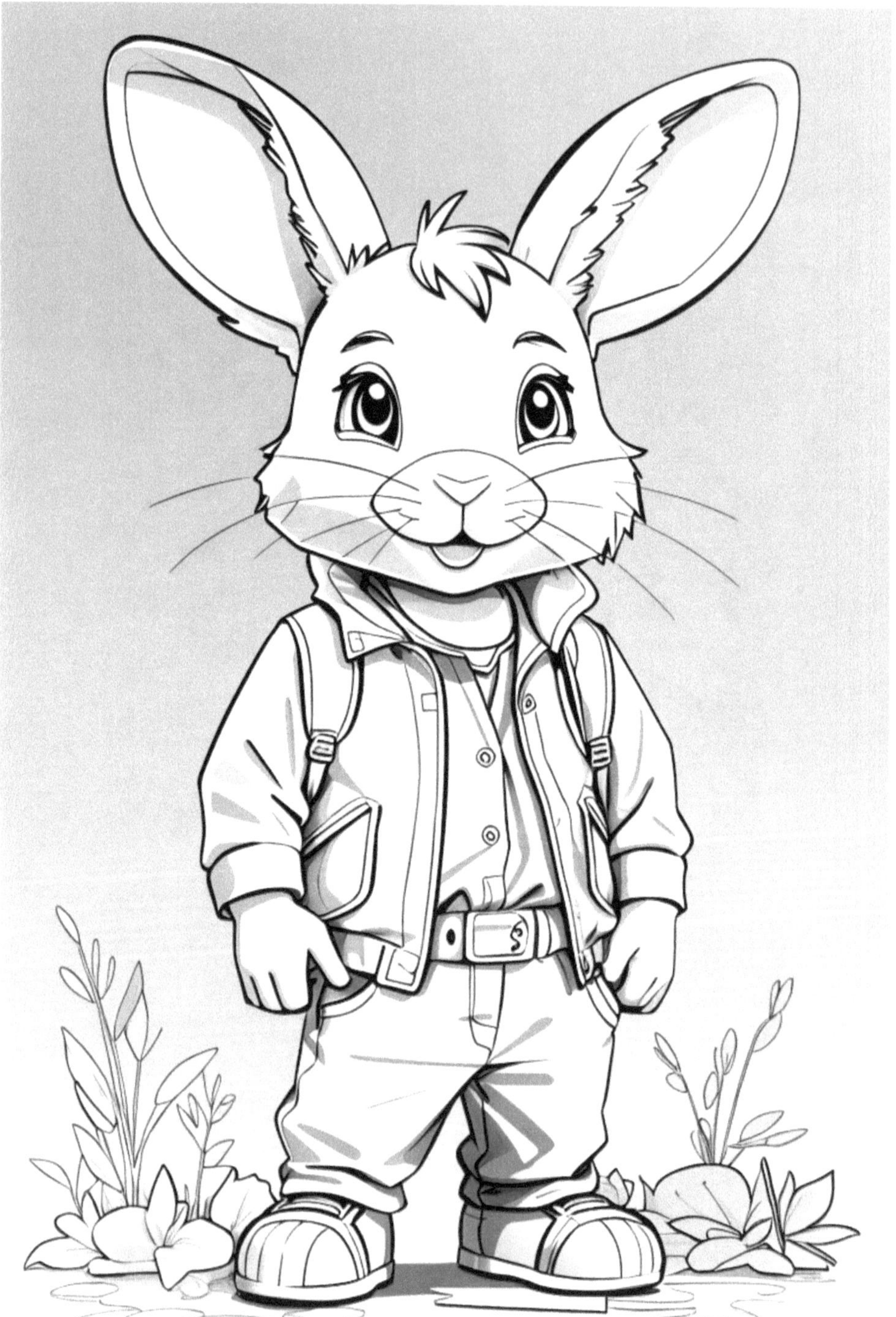

www.ingramcontent.com/pod-product-compliance
Lightning Source LLC
Chambersburg PA
CBHW050529290526
45786CB00007B/2752
* 9 7 9 8 8 5 3 8 7 1 3 9 7 *